Escritoterápicos

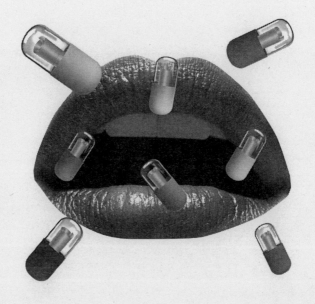

Editora Appris Ltda.
1.ª Edição - Copyright© 2023 da autora
Direitos de Edição Reservados à Editora Appris Ltda.

Nenhuma parte desta obra poderá ser utilizada indevidamente, sem estar de acordo com a Lei nº 9.610/98. Se incorreções forem encontradas, serão de exclusiva responsabilidade de seus organizadores. Foi realizado o Depósito Legal na Fundação Biblioteca Nacional, de acordo com as Leis nos 10.994, de 14/12/2004, e 12.192, de 14/01/2010.

Catalogação na Fonte
Elaborado por: Josefina A. S. Guedes
Bibliotecária CRB 9/870

G389e 2023	Góes, Denise Dotti Escritoterápicos / Denise Dotti Góes. – 1. ed. – Curitiba : Appris, 2023. 114 p. ; 21cm.
	ISBN 978-65-250-4959-5
	1. Dor. 2. Amor. 3. Reflexão. 4. Poesia. I. Título.
	CDD – 158.1

Editora e Livraria Appris Ltda.
Av. Manoel Ribas, 2265 – Mercês
Curitiba/PR – CEP: 80810-002
Tel. (41) 3156 - 4731
www.editoraappris.com.br

Printed in Brazil
Impresso no Brasil

Denise Dotti Góes

Escritoterápicos

FICHA TÉCNICA

EDITORIAL	Augusto V. de A. Coelho
	Sara C. de Andrade Coelho
COMITÊ EDITORIAL	Marli Caetano
	Andréa Barbosa Gouveia - UFPR
	Edmeire C. Pereira - UFPR
	Iraneide da Silva - UFC
	Jacques de Lima Ferreira - UP
SUPERVISOR DA PRODUÇÃO	Renata Cristina Lopes Miccelli
PRODUÇÃO EDITORIAL	Miriam Gomes de Freitas
REVISÃO	Katine Walmrath
DIAGRAMAÇÃO	Bruno Ferreira Nascimento
CAPA	Sheila Alves

*Este livro é dedicado aos meus filhos, por serem tão especiais comigo,
pelo apoio incondicional nesta minha vida tão atípica.
Ter o coração de artista é ir contra os padrões e enfrentar o mundo,
muitas vezes sem referências.
Enquanto muitos dizem que mãe é tudo igual,
esta não só muda de endereço, como muda de país.
Eles é que foram me ver em todas as apresentações no teatro da escola.
Amanda, meu pudim, e Pedro Henrique Góes dos Anjos, minha vida colorida.
Nunca permitam que os padrões engessem os seus corações.*

AGRADECIMENTOS

A vida como conhecemos é um processo dentro da nossa evolução e a dor faz parte dessa nossa busca.

Agradeço a Deus, Emmanuel, por fazer parte da minha vida. Sempre iluminando as oportunidades para que eu olhe para as minhas sombras e meus vazios.

Meus sete sentidos foram aguçados pelo amor e pela admiração que sinto. Serás para sempre minha referência.

O amor é impotente, ainda que seja recíproco, porque ele ignora que é apenas o desejo de ser um, o que nos conduz ao impossível.

(Lacan)

PREFÁCIO

Ao falar da Denise, somos levados a mergulhar em um universo repleto de coragem, intensidade e uma profunda imersão no sentir. Sua audácia, integridade, questionamentos e perspicácia a tornam singular e marcante. Foi nos corredores entre salas de ensaio do teatro que nossos olhares se encontraram. Eu, professor, ela, aluna. Eu, aluno, ela, professora. Pois na busca por trocas e aprendizados, nos tornamos aprendizes e mestres uns dos outros.

Nesse contexto de encontros e conexões, entre trocas de ideias e rascunhos de nossas obras e de nossas vidas, muitos desabafos sinceros e profundos se manifestaram. E é simplesmente magnífico testemunhar essas confissões tomando forma e ganhando vida, transformando-se na força inerente que já possuem. É como contemplar o desabrochar de flores delicadas e exuberantes alimentadas pelo solo fértil das experiências compartilhadas.

Escritoterápicos é um convite para mergulhar num oceano de reflexões e sentimentos. Aqui estão reunidas pequenas doses de reflexão e sentimento, que nem sempre encontram eco no mundo, mas que nos tornam vulneravelmente belos quando nos permitimos admiti-los e acolhê-los. A escrita apaixonada e pulsante presente nesta obra tem a incrível capacidade de atravessar as barreiras dos leitores, fazendo com que se reconheçam facilmente em algum ponto desta jornada intensa do sentir.

A leitura que está prestes a iniciar é repleta de momentos de epifania, de encontros com verdades incômodas, de afagos na alma e de cura. É um convite para se desnudar emocionalmente, para se permitir ser tocado pelas palavras que ecoam nas entrelinhas. Cada frase escrita por Denise carrega uma vibração poderosa, uma energia que pulsa intensamente e que encontrará ressonância em cada fibra sensível do seu ser.

Portanto, convido você a respirar profundamente, a deixar-se envolver por uma bebida que lhe traga prazer e a encontrar um lugar de conforto para se acomodar. Prepare-se para embarcar em uma leitura provocativa, em que a autora compartilha com generosidade sua intimidade mais profunda. Abrace a vulnerabilidade que se esconde por trás das palavras e permita-se vivenciar a catarse que o(a) aguarda e esteja disposto(a) a enfrentar suas sombras.

Desejo que emerja dessa leitura renovado, fortalecido e com novas perspectivas sobre a complexidade das relações humanas. Que cada linha percorrida seja um convite de conexão, reconexão e ressignificado com a essência que pulsa dentro de você.

Humberto Gomes
Ator, diretor, dramaturgo, professor de teatro e produtor cultural
Arauto Cultural / Cia Ganesh de Teatro

SUMÁRIO

Agradecimentos 7

Prefácio 11

MINHAS LINHAS... ou só linhas 17

efeito sonORO 18

Refle.tido 19

TE AMO 20

NÓ.s 21

SE.R.(É)U 22

p(é).sado 23

SE 24

Correnteza 25

Dia da Mentira 26

ATÉ LOGO 27

C(á) minha.dor 28

Querer-me-ei 29

Salva-me 30

A.COR.DAR 31

Reciprocidade 32

HELD 33

NUA 34

Órbita 35

Sentido 36

AMOR 37
TEU bem, meu BEM 38
Dispare! 39
Ânsia 40
ILUMINA 41
PAI 42
DO(a)R 43
ANJO dá GUARDA 44
bREU 45
IR.reversível 46
Covarde 47
BOM... mais um DIA 48
DESISTA 49
SE VOCÊ FOR CAPAZ... 50
ATENÇÃO / Tensão 51
OLHA 52
(NÓ)ssas 53
Gladia.dores 54
am(AR) 55
Rimado 56
OCO 57
MINHA VIDA sua rua 58
presente 59
CÚMPLICES 60

des.arrum.a.ção 61

AR.TE.CURA 62

-r-o-t-a- 63

A direção 64

TORCENDO CONTRA 65

Flu(IR) 66

BIO 67

Entend(EU) 68

Os 7 Sentidos 69

LÁ.g.RIMA 71

Basta(ria) 72

INDO COM MEU QUERER 73

D.ES.AMOR 74

Tardes de domingo 75

Vício 76

ECOS 77

SINTO muito 78

PERDÃO 79

ser 80

CO.INCIDIR / COINCID.IR 81

EGO 82

Você 83

Eterna 84

BRAÇOS / Abraços 85

SILÊNCIO / Saudade	86
Janela	87
Batalha	88
mergulhar	89
c.Ol.sa	90
CORAÇÃO	91
BAL@NÇA	92
Meu gato frajola	93
lixo	94
A 5ª parede do poço	96
Como.v(ê)m.e.vão	97
em si o mar / enciumar	98
A.versão	99
TRANSTORNO	101
SOLITUDE / Solidão	103
MANUSCRITO	104
dor CRÔNICA	105
ESTAÇÕES	106
Questão de TEMPO	107
RE.TRATO	108
muda de roupa	109
LUZ	110
CHAMA	111
Epílogo	112

MINHAS LINHAS... ou só linhas

'Aqui sou eu.
O corpo do texto
e o texto de mim.
Um eu dividido em palavras,
cujos significados
não me definem por completo.
Quando se aproximam,
já mudei a linha
ou estou vivendo um novo parágrafo.
Nas entrelinhas, lê-se a alma.
Numa linda dinâmica
de se encontrar e se perder.
Mergulhar em si, se afogar
e depois de um ponto, renascer.
Buscar coerência
na aventura que é viver.
Escrever uma história
procurando palavras certas,
sendo que quase ninguém vai ler.
Desejando a cada nova linha
mais consciência.
Para chegar num fim convicto
de que tinha ainda muito a aprender.
Aqui me desfaço, me realinho...
me reconheço.
Mais aqui do que no espelho.
Aqui vejo minhas entranhas,
vejo o que o espelho tende a esconder.
Se um dia você quiser me conhecer,
leia mais do que escrevo.
Não acredite só no que vê.

efeito sonORO

'Uma canção composta
pelo som de lágrimas
ao deslizar pela face
ou talvez por um suspiro,
depois de alguns segundos sem ar.
Quem sabe um gemido
de prazer incontrolável.
Soluços.
Ou até mesmo gargalhadas.
A realização de um sonho
que não chegou nem na metade,
tem muitos sons.
Mas é no silêncio da contemplação
que a prece nasce
e é a melodia mais linda
que meu coração já tocou.

'Chegamos partidos.
Postos frente a frente.
Vimos tantos defeitos.
Quase como se não houvesse virtudes.
Somos um par de espelhos quebrados.
Olhando para os cacos
que são tão nossos.
Ouvimos nossas verdades doídas,
rasgando os nossos corações.
Restos de vidas já passadas,
marcadas em nosso presente.
Cegos para o amor.
Mudos partiremos.

Refle.tido

'Não sei se falei
tarde demais
ou me precipitei em dizer.
Muitas vezes não disse.
Não sei se tem intensidades
diferentes,
ocasiões para tal,
formas distintas.
Não acredito que precise
explicações,
muito menos desculpas.
Tive receio algumas vezes.
Calei inúmeras.
Mas soa lindo.
E nunca saiu da minha boca
sem que fosse verdade.

TE AMO

NÓ.s

'Nesse teu mundo fluido
me descobri permeável.
Não sou tão eu
depois de ti.
Sou vários nós
nos seus pingos d'água.
Você fluindo,
invade, evade.
Memórias empoçadas
do que vivemos.
Tão tua, sigo eu.
Sem laços.
Mas com você queria nós.

SE.R.(É)U

'É fácil seguir uma dieta restrita
quando se mora sozinho.
Se torna agradável ir à academia
quando seus amigos estão lá.
Muito bom ir a um culto
quando se sente acolhido.
É fácil ser você quando tudo está em ordem.
É fácil sorrir para pessoas agradáveis.
Abraçar seus queridos.
Ajudar uma mão pedinte de um olhar humilde.
Difícil é ser você mesmo.
Segurar a fúria quando posto à prova.
Ser educado com quem lhe falta
com o respeito.
Sorrir para mal-humorado.
Ajudar quem já perdeu a esperança.
É fácil ser quem se é quando todos são.
Difícil é ser você quando ninguém mais é.

p(é).sado

'Porque meus pés doem.
Hoje não tirei fotos.
Vi que a paisagem estava linda,
mas olhei apenas para minha dor.
De cabeça baixa olhava para dentro.
Encontrei um balde pesado de lixo.
Coisas que jogaram aqui.
Restos de histórias
que foram por outros mal vividas.
Leituras incompletas que fizeram de mim.
Pilhas de julgamentos,
onde não me deram direito de resposta.
Entulho que não era meu.
Reciclei o que pude.
Fiz tapete, curativo e manta para meus pés.
Aprendi que é essencial saber separar
e ter um espaço para os orgânicos.
Eles servirão de adubo
para o que quero plantar.
Meus próximos passos
serão por um jardim muito mais florido.
Porque hoje meus pés doem.

'Talvez seja saudade de casa.
De uma que não tive.
Em algum lugar que nunca conheci.
Talvez pintada de branco com janelas azuis.
Talvez com um fogão de lenha.
Um vaso na mesa
com flores colhidas pela manhã.
Cheiro de mato fresco.
Café coado,
servido em xícaras coloridas
para esperar o pôr do sol.
Sua voz, o canto dos pássaros… Talvez.
Esse advérbio que hoje me faz seguir.
Mas quase sempre usado
com um verbo no subjuntivo.
Talvez "amar".

SE

Correnteza

'Nos dias de sol,
não me permito chorar.
Não quero que veja a chuva
escorrendo em mim.
Nos dias de chuva eu
choro,
sorrindo.
Quero que sempre encontre sol aqui.
Hoje choveu.
Corri.
Não tinha o peso da represa.
Enquanto você vê sol,
eu rio.

'Uma das maiores mentiras
que já contei, sigo contando.
Conto a mim mesma todos os dias.
Inclusive hoje.
Sou incapaz. De tudo!!!
Realizar sozinha meu maior sonho.
Olho para trás e não me vejo atravessando
os vales, as florestas.
E as noites com medo do escuro.
Para você segurar a minha mão,
eu deixo que me aperte o peito.
Beijos e gritos saem da mesma boca.
Eu finjo história de amor, quanto abuso.
Como posso me tratar tão mal
e buscar o bem?
Que preço tão alto.
Um tem frio, o outro medo.
Quem vê esse abraço,
não enxerga a dor.
Eu agora durmo no escuro.
…chorando.
Você, aquecido, se crê protetor. Ditador.
Maldita dor me causa a incapacidade.
Nessa cidade, ainda tão longe de mim.
Busco a elevação me deixando pisar.
Uma hora eu também grito.
Me torno capaz.
Pago pela luz acesa,
ainda que não consiga sonhar.
Com o troco te compro uma blusa bem quente.
Meu medo não vai mais te esquentar.

Dia da Mentira

'Acordei pensando em você.
Foi assim ontem
e todos os dias são iguais.
É mais que uma doce lembrança,
às vezes amarga.
Aperta o peito,
faz nó na garganta.
Quando se dissolve em lágrimas,
alivia, mas não some.
Tá marcado na pele.
No meu cheiro tem seu cheiro.
No meu gosto tem seu gosto.
Não há tempo nem distância.
Tudo grita até breve.

ATÉ LOGO

C(á) minha.dor

'Não estou buscando mais por atalhos.
Eu vou fazer o caminho completo.
O bom e mau faz parte de todo percurso,
mas nenhum deles será para sempre.
Descobri que a pressa não me torna veloz
e desistir me levará,
depois de muito arrependimento,
novamente ao início de uma nova viagem.
Sempre busquei o bem e o bom de forma voraz.
Quis paixões avassaladoras,
felicidades inimagináveis
e aventuras sem fim.
Quanta tolice.
Passavam tão rápido que nem registro
na memória me deixavam.
Já as tristezas que me recusei a encarar
viraram companheiras fiéis.
Duraram tanto tempo
que comecei a chamar de doença.
Dei nome e o meu sobrenome.
Fomos tão fiéis uma com a outra
que parei de olhar
para as coisas boas da vida.
Pensei que fôssemos morrer juntas.
Passaríamos a eternidade abraçadas.
Mas alguém rezou por mim.
Agradeço e peço apenas força
para seguir caminhando.
Sem peso nem culpa.
Ciente de que tudo é parte do processo.

'Querido,
te quis tanto,
que te criei lindo.
Querer é um combustível potente.
Querer é tinta colorida.
Quisera eu ter querido saber antes
que poder tinhas tu.
Querer é irmão gêmeo da expectativa.
Essa eu já conhecia.
Mas eu te quis.

Querer-me-ei

Salva-me

Eu sei da imensidão do universo
e não sou mais do que um grão de areia.
Eu vejo o sofrimento do mundo
e sei que os meus não são os maiores.
Mas tu sabes o meu nome.
Sentindo-me orgulhosa para pedir-te ajuda,
julguei-me forte.
Pai, eu não sou,
Pai, eu não tenho nada
senão por ti.
Reconheço o quão incapaz eu sou.
Se meus problemas são pequenos,
eu sou ainda menor.
Tu és grande e poderoso.
Salva-me de mim.

A.COR.DAR

'Alguns sonhos
mais parecem fantasias.
Já me fantasiei
para viver alguns sonhos.
Muitos eu tenho acordada
e esses são os que me motivam a viver.
Parecem que são alicerces.
Dá medo realizá-los.
Seria como acordar,
e a realidade não é mais
do que a busca pelo que sonhar.
Sim, já vivi sonhos que nunca sonhei.
Mas nunca vivi sem sonhar.
Temo que não exista vida
ao fim de um último sonho.

Reciprocidade

'É quando faz eco no outro.
Quando não bate no oco.
Reverbera.
Diz eu te amo. Eu também.
Saudades. Tô aqui.
Pensei em ti.
Vem pra cá.
Nem sempre juntos, mas conectados.
A conexão perfeita
é aquela em que se entende
perfeitamente o outro
e se é entendido.
Não há ruído.
A resposta vem e sem demora.
Mas atenção! Conexões caem.
E nessa hora os dois desligam o wi-fi,
esperam um tempo.
Reciprocidade também reconecta.

HELO

'De que super-herói você se fantasiou?
Você acreditou tanto nesse personagem
que eu acabei acreditando
nas tuas histórias.
Me surpreendi quando te vi chorando.
Você é um humano lindo.
Tentei te abraçar,
mas tua armadura me feriu.
Choramos juntos.
Você acredita poder voar
e eu adoraria que pudesse.
Mas entenda que o teu poder
é a tua essência.
Se dispa.
Solte esse fardo.
Suas armas pesam.
Heróis nos inspiram.
Fingir ser um, nos consome.

'Eu não sou feita de certezas,
lonjuras e não conheço o eterno.
Sou inconstante, vulnerável,
completamente atormentada
por minhas inquietudes.
Tenho saudade do que nunca tive
e constantemente castigada
pelo que desejo.
Quero, desquero, repenso, revejo.
Perdoo fácil e depois me odeio por isso.
E me amo pelos mesmos motivos.
Sou da lua e também de fases.
Às vezes pinto, às vezes bordo.
Rasgo, remendo, refaço.
Compro em brechó.
Mas se eu me apaixonar por um novo Dior,
eu certamente o terei.
Quem eu sou???
Jamais me limitaria a responder.
Posso ser tudo, ainda que muitas vezes
me sinta um nada.
E na verdade não sou ninguém,
apenas sei que sou parte de um todo.
Não ser igual a ninguém
me torna fantástica.
Fodástica.
Não tente limitar a minha existência.
Eu sou maior que seus muitos tentáculos.
O que desejo ainda nem tem nome.
Serei tudo e para tanto
não me abala estar sem nada.

NUA

Órbita

'Deus é nosso sol,
nossa força e energia.
Você é para mim
como a lua
que estabiliza minha órbita
ao redor dele.
Ilumina minhas noites escuras
e desobscurece minhas sombras.
Desejo ser para você
sempre um coração fértil.
Que nosso amor cresça
e floresça com cores de alegria
e perfumes de paz.
Em tamanha abundância
que possamos viver
numa atmosfera sustentada
pela gravidade desse mesmo amor.

Sentido

'Vou sabendo que posso... voltar.
Pra onde? Não sei.
Certeza... hoje vou em busca
desse não mais duvidar.
Se eu errar o caminho...
Já estava indo a nenhum lugar.
Se tiver flores, posso pensar em parar.
Se for como rosa que tem muito espinho,
estou farta de me machucar.
Se tiver pássaros cantando,
isso vai me alegrar.
Vejo beleza na liberdade que é voar,
mas busco um que desta vez escolha ficar.
Mas se for mais vida para lição mostrar,
quero aprender com carinho.
Precisa saber ensinar.
E junto com o que já tenho
eu possa então melhorar.
Mas, por favor...
já escolho por qual caminho devo andar.
Se não for para ter respeito,
entrega, sentido... Não quero nem tentar.
Vou sabendo que posso... me encantar.
Sentir o perfume das flores
e ouvir meu pássaro cantar.
Evoluir com as lições que podemos trocar.
Te ofereço o que você também for
capaz de me dar.
Assim tudo fará sentido.
Volto sabendo que posso... querer ficar.

AMOR

'Diga que tudo isso não foi um engano.
Que mania temos de colocar nossos medos
na frente de tudo.
Sim, eu admito que tive medo
de estar acreditando naquilo
que tantas vezes foi já mentira.
Quero te amar.
Preciso também me sentir amada.
Vou me permitir e que seja desta vez então.
Mas já fui muito machucada.
Por favor, não mude o tom de voz
pra falar comigo.
Eu não posso mais lidar com isso.
A paz que preciso
exige uma voz firme e amorosa.
Exatamente como é a sua
quando diz que me ama.
Quando discordar, me fale com carinho.
Eu vou entender.
Busco ser melhor a cada dia.
Quero te encontrar despida
de todas as marcas que ganhei no caminho.
Mas te peço paciência,
talvez eu precise de ajuda
com algumas delas.
Quando chegar...
Não fale nada.
Me abrace apertado
e deixe que o teu coração
diga diretamente ao meu
que tudo isso não foi um engano.

TEU bem, meu BEM

'Viver é sonhar.
Desejar, idealizar,
conquistar.
A vida é tudo
que te move a continuar.
Sozinho, acordado,
dormindo ou acompanhado.
Se for a dois,
a aposta é dobrada.
Se for pelo outro,
então é multiplicada.
Há tanta realização
na conquista do outro
que meu desejo
não é mais sonhar...
O segredo da vida é amar.

'Fui rejeitada no ventre,
pois eu traria muitos problemas.
Fui rejeitada na infância.
Eu era um problema.
Fui rejeitada quando não fui ouvida.
Eu tinha um problema.
Fui rejeitada quando o tempo
que poderia ser dedicado a mim foi para outras.
Rejeitei a ideia de que o problema
estava também no caráter do outro.
Fui rejeitada quando na intenção
de conquistar atenção e carinho
me fiz muito disponível.
Diante da dor da rejeição,
muitos se fecham para se proteger.
Preciso aprender essa arte.
Eu ando desarmada vagando por ruas escuras.
Muitas vezes mendigando por afeto.
Sou alvo fácil de mal-intencionados.
A tristeza é minha fiel companheira
e a carência me dá péssimos conselhos.
Qualquer dia desses alguém me mata,
esse fim é certo.
Eu só queria que fosse de amor.

Dispare!

Ânsia

'Eu ansiava por você. Mas eu disse não.
Eu disse baixinho, mas eu disse não.
Eu disse de forma meiga, mas eu disse não.
Eu amo você, teu cheiro, teu toque...
Mas disse que eu não queria.
Eu não segurei a tua mão porque
eu não queria que você ficasse magoado.
Eu queria te mostrar que eu merecia ser amada.
Se era a única forma de estar perto de você...
Se eu deixasse você brabo
e você fosse embora...
Eu queria estar perto de você.
Quem sabe passando mais tempo juntos
você começasse a me amar.
Eu chorei muito. Você percebeu?
Você disse que era brabeza.
Eu estava dizendo não.
Eu disse que não era aquilo
que eu esperava de você.
Mas você disse que precisava de mim.
E que iria continuar vindo.
Me abraçou e me beijou com carinho.
E saiu.
Estou te vomitando até agora.

ILUMINA

'Eu acordei cedo. Queria ver o sol nascer.
O tempo nublou e ele não apareceu.
E o dia está lindo...
Lindo como o sorriso dos teus olhos
que plantou um sol no peito.
Tem um sol morando em mim.
E seus olhos falam
e eu já não preciso de tantas palavras,
pois nosso silêncio diz coisas
que só nossa alma é capaz de entender.
E esse sol está crescendo.
Teu cuidado rega com tanto carinho
que eu também comecei a sorrir.
Lá fora está chovendo.
Estou pronta para andar na chuva.
Deixar que ela lave a minha alma e se misture
com as minhas lágrimas.
Essas gotas de gratidão
que surgem depois
desse longo período na escuridão.
E hoje o sol ilumina tudo aqui.

'Eu deixei você sair da minha vida
quando comecei a questionar
a minha importância.
Quanto mais me afastava,
mais forte me sentia.
Sem teu controle,
eu passei a comandar o meu destino.
Tomei minhas próprias decisões.
Como já não tinha pra onde voltar,
a vida se tornou um ir.
E sem teu julgamento
de certo ou errado eu apenas fui.
Quando se tem para onde voltar,
ali é sempre o recomeço.
Eu já não tinha um porto seguro,
minha vida então era o navegar.
Muito longe eu estava para segurar
na tua mão, passei com medo
por lugares horríveis.
Aos poucos tudo foi perdendo o sentido.
E diante de tantos perigos
o fim se tornou certo
e muitas vezes desejado.
Eu sei que sempre esteve de braços abertos.
Prefiro ser pequena sob seus cuidados
a tentar enfrentar o mundo
com minha arrogância.
Sei que estou muito longe…
Mas humildemente te peço,
venha me encontrar.
Estou voltando.

PAI

DO(a)R

'Nossa história daria um conto...
Desses romances eróticos
onde os nomes precisam ser alterados,
pois não podem ser reconhecidos.
E as datas... um tempo remoto já bastaria,
pois nunca usamos nem roupas
nem adereços que precisassem ser descritos.
Apenas aquela tua máscara fingida
que você usava quando
eu te perguntava o que você sentia.
Não seria nenhum best-seller.
Mas seria a melhor história da minha vida.
Um conto que eu não conto.
E que você jamais contaria.
A não ser como piada
ou alusões a algo sem pudor.
Se tivesse título,
na minha versão apareceria entrega e amor.
Você nem nomearia.
Tamanha a importância que teve.
Eu escreveria chorando, você nem leria.
Nossa história daria um conto.
Dar é um verbo perigoso.
Exige a coragem que você jamais teria.

'Eu não quero falar de dor.
Por mais que eu ainda sinta.
Você estava certo,
eu me acostumei com isso.
Achei que era melhor ter o ruim
a não ter nada.
Passei dias de trevas
sem entender o motivo
de eu ter me atirado ali.
Como não sei rezar, chorei.
Em meu desespero pedi para alguém
que pudesse me ouvir:
eu quero me salvar.
Quero que o meu maior tesouro
possa enriquecer a vida de alguém.
E você chegou agradecendo por meu existir.
Não só entendia meu sentimento
como trouxe bálsamo
para o meu ferimento.
Cantou em sua voz suave
e relembrou meu coração.
Viu beleza nos meus cacos
e restaurou-me com o ouro que é seu valor.
Reaprendi a rezar
e hoje agradeço a Deus
porque no momento certo te enviou.
Nosso tempo é diferente.
Poucos dias dessa vida,
tantas faltas já supridas
e tão segura eu me sinto
de rimar a tua vinda
com a palavra AMOR.

ANJO dá GUARDA

'É o poço ou já não posso.
Esse é o poço que tanto temo.
Olho e só vejo a escuridão.
Mas aqui não posso mais ficar.
Ou me atiro no poço
e descubro o quão profunda é minha alma.
Ou perco-a.
É isso ou nada.
E isso pode ser tudo.
Um poço é um buraco negro.
O espaço-tempo entre o que sou
e o que devo ser.
Não pode ser pior do que o não estar.
Se você vai entender...
Eu não vou te explicar.
Acredite!!!
Eu vou pular.
Para me salvar.
E assim permanecer.
...continuar.
Vou enfrentar o escuro,
desafiar o meu medo.
Vou me atirar.
Talvez no fundo tenha água
ou eu crie asas
e possa livremente voar.
Talvez me acostume com o breu
ou ele seja eu.
Quero agora me encontrar.
Adeus.

bREU

IR.reversível

'Já escrevi tantas coisas
pra tentar te seduzir.
Comecei a pensar que essa não seja
a melhor forma para te atingir.
Visual, você talvez prefira me desvestir.
Quando longe, te mando fotos
pensando que isso possa te atrair.
Uau!!! Tua resposta.
Você não está nem aí.
Mandar áudios... esquece.
Você já disse que não tem tempo para ouvir.
Você gosta de toque.
Não. Se fosse, estaria sempre aqui.
Das linguagens do amor, você é ato de servir.
Servir aos outros para de você mesmo fugir.
Não há nada que eu faça
se você não se permitir.
Você já deixou claro que cobrança não presta.
Um homem sabe como agir.
E eu pensando em formas de você
não mais partir...
Mas fiquei na dúvida, eu confesso.
Se te mando pro inferno
ou te espero mais uma vez aqui.
E envolvido por todos
os nossos sentidos então te pedir:
passa mais tempo comigo?
Não deve ser perda de tempo
tentar ser feliz.
Sem padrões de relacionamentos idealizados.
Vamos juntos
a nossa forma de amor construir.

Covarde

'Supliquei por teu amor.
Pedi a você uma chance.
Põe à prova o meu valor.
Isso na verdade não parece ser importante
diante de tanta vantagem.
Seguro da minha paixão, vem, me usa e some.
O que te sobra então é coragem.
Covarde sou eu que volto sempre
depois de todo adeus.
Te juro amor, mas estou aprendendo.
Te admiro em tudo,
mas é essa tua coragem o que agora
estou querendo.
Não pra fazer o que você faz.
Eu preciso mesmo é te deixar pra trás.
Entendo agora que jamais te conquistaria.
Você não se entrega.
Amar pra você é covardia.

BOM... mais um DIA

'Bom dia.
Sinto saudade.
Também sinto que não fui capaz de te conquistar.
Passou o tempo e eu ainda
faria tudo por um abraço,
mas não posso descruzar os seus braços.
Sinto amor todos os dias.
Você apenas gosta e só quando eu pergunto
se você não sente nada.
Que validade tem um eu gosto?
Uma semana, um mês…
Devo te perguntar outra vez?
E recebo teu bom-dia.
Você não fala de saudade,
se tem vontade ou se pensou em mim.
Demonstra… educação.
Eu disfarço.
Não sei como convencer meu coração.
Ele acorda pensando em música
e pede pra te mandar recado.
Quer que você se sinta seguro
de que ele segue apaixonado.
Não quer aceitar essa distância
que você realmente não quer estreitar.
Bom dia, é bem honesto
e não cabe nenhuma interpretação.
Eu que aprenda a ler.
Bom dia.
Sem Ilusão.

DESISTA

'Tem dias que escrevo.
Em outros, apenas observo meus pensamentos,
são tantos ao mesmo tempo.
Então eu paro e acolho todos eles.
Mas nesses dias confusos
tem um que sempre quer
falar mais alto que os outros.
E talvez esse seja o pior de todos
e o que sem dúvida merece mais atenção.
É importante que eu o escute,
mas há tantos sentimentos
lindos sussurrando.
Ideias que não param de brotar...
e esse maldito gritando.
Ele ri das ideias mais sérias,
duvida dos meus sentimentos mais puros,
põe à prova todas as minhas crenças.
Para ele, todos os meus atos são falhos,
todas as minhas intenções são vazias.
Ele é enfático.
E eu permaneço inerte.
Até que ele volte a se acalmar
e baixe a voz para que
algum outro pensamento possa ser ouvido.
Amanhã eu escrevo.
Hoje eu o escuto.
Só não desisto.

'Se você for capaz
de admirar o que me move...
Terá que amar o vento.
Vou aonde ele me levar.
Não por ser fugaz.
Se você estender as mãos
e conseguir me tocar,
me terá um pouco
e aos poucos suavemente posso
ir me assentando.
Mas não tente fazer de mim um novo objeto.
Já fui enfeite, usado e depois quebrado.
Essa forma eu não serei mais.
Virei pó e doeu demais.
Se você for capaz
de admirar o que me move...
Posso ser a brisa leve
que refresca seus dias.

SE VOCÊ FOR CAPAZ...

ATENÇÃO

'Não. Não existe garantia.
E talvez aí esteja a magia de todas as interações.
Quem sabe o princípio da incerteza
defina melhor o nosso amor.
Eu não iria àquela festa
e você nunca ia a festa alguma.
Não. Eu não chamaria de destino.
Isso seria a espera.
Meu desejo por você é busca.
Prefiro acreditar na energia que nos atraiu.
Não. Não por sermos polos opostos.
A atração que nos une vai muito além.
Não está ligada a matéria ou a presença.
Não. Não é a física de Newton.
O que nos une, nos transpassa.
Da afinidade dos nossos átomos
vem esse sentimento transcendente.
Entrelaçada estará ainda que na maior distância.
Energia indo e vindo.
A magia estaria na atenção.
Ativar essas vias de troca e prezar pela existência
dessa nossa tão quântica relação.

Tensão

'Que bem me fez teu olhar.
Teu ouvir, teu notar.
Depois do adeus, ainda na porta, chorei.
E ao partir, pedi a Deus você ali.
Sem rumo vaguei. Sofri.
E meu coração implorava para voltar.
Aceitei. Você abriu a porta
e ao me ver sorriu.
Minha vida é feita de palavras...
Teu olhar disse tudo que eu precisava saber.
Nenhuma palavra foi capaz
de traduzir o que senti.
Linguagens distintas, sentimentos leais.
Sentir e se conectar.
Eu escrevo meu querer e você me responde
sem nada dizer.
Enquanto houver o gostar
e alguma forma de demonstrar,
estarei. Estaremos.
Então... Leia o que te digo
e deixa-me sentir o que fala teu olhar.

OLHA

'As nossas coisas são nossas.
Não se repetem com outrem.
É a soma dos nossos quereres,
química dos nossos corpos.
Uma dança compassada
entre a busca e a entrega.
As nossas coisas são tão nossas.
Um querer atingir as alturas,
sem nunca esquecer o medo da queda.
A vontade de seguir adiante,
andando de mãos dadas
com frustrações já vividas.
As nossas coisas são só nossas.
E vamos descobrindo caminhos,
diminuindo distâncias.
Criando possibilidades,
testando novos limites.
As nossas já tantas coisas,
que serão pra sempre só tão nossas.

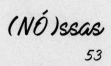

Gladia.dores

'Fazemos escolhas erradas
com a intenção de acertar.
Temos a pretensão da bondade,
mas a vida é o percurso do aprendizado.
Ser bom, ser correto, ser honesto...
dá trabalho. E erramos. Erramos muito.
Admitir para nós mesmos que não somos
como gostaríamos de ser, dói.
Reconhecer que somos fracos, impotentes...
Dentro de mim tenho gladiadores.
Uns dizem que sou invencível,
inteligente, sensata em minhas decisões.
Outros bradam que sou frágil, errante.
Todos estão certos.
Mas nem sempre ao mesmo tempo.
E eles não sabem que lutam na mesma guerra.

'Não, não pensei
em gaiola.
Se eu te prender,
não será na verdade meu.
Nós, por instantes,
se você voltar.
Em suas partidas,
permanecerá aqui e eu em ti.
Mas se sentir vontade
de um dia ficar...
Seremos pássaros voando livres
dentro do nosso amar.

Rimado

'Por querer te ver,
meu coração está acelerado.
Por saber que pode, fica desesperado.
Quando digo que ele não deve,
então me grita que ainda está apaixonado.
Mas preciso convencê-lo
que o gasto dessa conta
tem que ser fechado.
Teve muita entrega sem gratidão
nem obrigado.
Se te conheço, deve estar magoado,
pensando que eu agi errado.
Meu sentimento foi desconsiderado
e você parece que achou normal
ter me menosprezado.
Esse foi o troco
por ter sempre te superestimado.
Você pra mim tem muito valor,
mas meu amor por você nunca foi valorizado.
Então repito mil vezes que não devo.
E sufoco esse sentimento,
ele há de morrer… calado.
Você não vai ouvir,
pois o som está abafado.
Não posso rimar com seu nome,
mas ele diz…
Eu amei ter te amado.

'Sinto-me tão pequena
diante do teu desprezo
e ao mesmo tempo
tão imensa pelo amor
que eu tinha pra te dar.
Esse sentimento
seguirá comigo.
Talvez um dia você perceba
que ninguém é grande
se vazio de amor.
Eu voltarei a sorrir,
pois o motivo
nunca esteve em você.
O amor sempre estará em mim.

OCO

MINHA VIDA sua rua

'Seu sorriso foi sinal aberto.
Eu cruzei a sua rua
e você a minha vida.
Passei e você só riu.
Fui seguindo o caminho...
Sua atenção teria sido carinho
e por ele eu andaria na contramão.
Acabei virando à direita na vida,
reencontrando a direção.
Sem teu amor sobrevivo,
pois a dor também é combustível.
E flex é meu coração.

presente

'Se ao menos
você quisesse
estar aqui
onde te coloquei...
Você poderia estar
muito longe
e ao mesmo tempo presente.
A distância que me dói
é a dos nossos quereres.

'Um amor nasceu em mim.
Nutrido de invenções
e esperanças não correspondidas,
cresceu.
Movido pela intenção da conquista,
se tornou forte e desafiador.
Tomou conta de mim
e dos meus pensamentos.
Já não sou mais eu quem te ama.
O amor que vive em mim
agora te deseja.
Fui feita por ele refém
e aqui como prisioneira estou.
Se ele consegue o que quer…
talvez com você por perto
possamos alimentá-lo só com verdades.
Seremos eu e você algozes desse amor.

CÚMPLICES

'Hoje eu só não quero ter que arrumar a cama.
Não quero trocar os lençóis.
Você saiu e foi impossível
não buscar teu cheiro nos travesseiros.
Isso é o que tenho de mais real de você.
Então abracei a minha realidade
e chorei te sentindo mais um pouco aqui.
Eu sei que escolhi
te ter apenas na lembrança.
Já que o que carrego no peito
é pura invenção. Viver na esperança...
Você não me deu nem como opção.
Sou corpo e alma.
Não sei me fazer em pedaços.
Se posso ser só um corpo no teu abraço...
Já não sirvo nesse espaço.
Meu amor é Imensidão.
Precisa agora se dissolver no tempo.
Teu cheiro aos poucos vai sumindo...
Amanhã eu arrumo a cama.
Fica bagunçado só o coração.

des.arrum.a.ção

AR.TE.CURA

'Por que a arte?
Porque quero a todo custo
transformar a realidade.
A arte traz beleza, doçura.
A arte nasce do cuidado.
Tudo que você não teve comigo.
Usou minha inocência,
traiu minha confiança.
Fui obediente diante das ameaças,
senti medo da tua covardia.
Minha existência
foi marcada por teu abuso.
Me tornei artista por necessidade.
Não posso viver
com esse caos que me tornei.
Transformo tudo
que você deixou podre em mim, em arte.
Ressignificando tudo que olho,
tudo que toco e o que sai de mim.
Para que o mundo só veja beleza
onde eu só sinto dor.

-r-o-t-a-

'Eu sei.
Não é amor.
Cheguei a pensar que fosse um deleite,
mas entendi que nem minha cama
não é sequer um destino pra você.
Tudo não passa de uma coincidência
de horário dentro do teu roteiro.
Quem sou eu então no teu mundo?
Na tua agenda não tem meu nome,
pois pra você eu só tenho função.
Se você soubesse o quanto sou tua
e de mais ninguém.
Que colho seus gostos e vontades
pra te servir feito um buquê.
E isso também não é amor.
Eu deveria saber.

'Preciso falar
para não me sentir sufocada.
Dividir o que sinto.
Isso me ajuda.
Não, não te peço conselhos.
Apenas ouça o que digo.
Eu te agradeço.
Mas...
Se você puder parar
com o que está fazendo.
Conseguir não me julgar.
Serei grata por esse momento.
Venha aqui onde estou.
Olhe através das minhas lentes.
Assim você escutará
o que eu estou dizendo.
Então me aponte a direção.
Se não puder assim...
continue apenas me ouvindo.
Isso já será o bastante.

A direção

'Adoro ser desafiada.
Deve ser por isso
que passei todo esse tempo
tentando te conquistar.
Hoje me fiz um novo desafio.
Me desafiei a te esquecer.
Duvida?
Aposte comigo.

TORCENDO CONTRA

'Se o destino é o inevitável fim
e o caminho é sempre nadando contra as correntezas,
que diferença faria acabar agora
ou em qualquer dia?
Qual seria a honra em nem poder ouvir
alguém dizer: Lutou até o fim.
Eu lutei o quanto pude.
Me apeguei a galhos, pois me senti cansada.
E inúmeras vezes também me deixei levar
pelo curso das águas.
Foi então que me percebi revisitando lugares
pelos quais já havia passado.
Eu tentei sim, experimentei pegar carona
com quem se mostrou mais forte do que eu.
Mas bastaram alguns metros para eu entender
que esse caminho é árduo demais
para se carregar alguém.
A paisagem, por horas, pode se mostrar linda,
mas as noites são escuras e nem sempre alguém
está nadando ao seu lado.
É preciso ser forte e muito corajoso.
Mas o tempo de percurso que te torna mais forte
te deixa cada vez mais machucado e desesperançoso.
Meus braços estão doendo. Não lutarei mais contra.
Meu destino agora é o mar.

Flu(IR)

BIO

'São tempos de relações líquidas
e vídeos curtos.
E eu escrevo longos textos
do meu amor tão sólido.
Nada é mais sólido em nós
do que as nossas dores.
Aqui amor sempre vai rimar com dor.
Quando não doer,
terá sido correspondido.
E aí, paro de escrever
e vou viver.
E dessa vez tomara
que não seja líquido.
Mas se for
eu volto.

Entend(EU)

'No vácuo da distância
entre o segundo que te vi
e o instante que te beijei...
"oi, tudo bem?"
Eu te amei.
"muito prazer"
Amor à primeira vista? Não sei.
Sinto que te reencontrei.
Estive esperando por você.
Não poderia ser outro alguém,
ninguém me faz tão bem.
Nem traz a paz que você tem.
Eu sei, você ainda não entendeu.
Cada um tem seu tempo.
E eu estou respeitando o teu.
Sabe aquele amor
que estamos destinados a encontrar...
Eu sou quem você estava a buscar.
Tudo faz sentido agora.
Tantas vezes fiquei no vácuo.
Porque era no teu vácuo
que eu tinha que entrar.

Os 7 Sentidos

'Teu corpo tem a forma do meu desejo.
O toque suave da tua pele
tem a temperatura exata
pra eu me entregar em teus braços.
Tuas marcas, cicatrizes,
contam as histórias
que eu tanto quero ouvir.
Tuas incontáveis pintas,
que mais parecem estrelas,
formam a constelação
mais linda do céu
por onde quero viajar.
E teu cheiro…
Teu cheiro tem um aroma
entorpecente
que me leva a repetir
a delícia de sentir teu gosto.

'Não pense que estou indiferente
ao que você me faz.
E, principalmente, não estou indiferente
ao que você não faz.
Sua falta de reciprocidade…
Suas monossílabas são quase um cala-boca
para minha boca que ainda não consegue calar.
Eu tenho tanta necessidade de expressar
isso que transborda em mim.
E pode ter certeza,
isso já não tem a ver com você. Nem poderia.
Você é uma pintura linda,
a imagem perfeita que contempla
todos os tons dos meus desejos
mais profundos.
Admiro tantos pequenos detalhes
que você provavelmente nem percebe que tem.
E eu o amo. Amo com suas virtudes
e com seus defeitos.
Afinal a sombra é que revela a imagem.

E eu te quero com tudo, suporto tuas falhas,
teus medos, teus traumas.
Respeito teu espaço,
teu tempo e até a distância.
Mas a indiferença...
Ninguém passa a vida olhando
para o mesmo quadro,
nem que seja o mais belo.
Você é a pintura mais linda
e mais perfeita que eu criei.
E estou te oferecendo
o que há de mais verdadeiro em mim.
Mas isso não te torna real.
Vou continuar mais uns minutos
de olhos fechados.
Tudo é tão perfeito assim.
Posso imaginar você saindo dessa tela
e vindo ao meu encontro.
Você chega tão perto de mim...
Lágrimas escorrem pelo meu rosto agora.
Deve ser a tinta fresca da tela.

LÁ.g.RIMA

'Eu te amo não é pergunta,
não exige nem espera resposta.
Te amo e basta(ria).
O carinho que te dou, a atenção, meu tempo,
reconhecimento… Sempre foi uma opção.
E aqui está o maior perigo,
pois sei que isso é o combustível
que alimenta essa emoção.
Amar então se torna uma escolha
e eu não vou seguir sentindo isso não.
Me rasgo e te tiro do meu peito…
aos poucos, sem te dar mais atenção.
Se amar não exige resposta…
que minha esperança pare de buscar uma razão.
Esse é meu último verso em sua direção.
Aqui mato um prematuro, fruto de um desamor.
E quero acabar rimando,
mas te confesso que é mais fácil
acabar um poema fazendo uma rima pobre
do que acabar com um amor pobre
que eu tanto quis fazer rima.

Basta(ria)
Denise Dotti Góes

INDO COM MEU QUERER

'É preciso seguir em frente.
Ou se anda ou se espera.
Ou… é atraso de vida.
Se você não vem… eu já vou indo.
Viver esperando reprise
é não acreditar num amanhã melhor.
Foi incrível, foi o melhor que já vivi,
que já senti. Foi.
Carrego na lembrança, no coração.
Tá tatuado.
Se fosse recíproco, perpetuaríamos,
ainda que fosse pelo tempo que durasse.
Durou o instante que você se permitiu.
É preciso aceitar o não querer do outro.
Eu preciso aprender a caminhar
carregando esse querer imenso.
Esse querer você que é tão meu.

'Eu teria escolhido
morrer de amor por você.
Mas eu estava em suas mãos.
E você preferiu matar
o que eu estava sentindo.
Foi teu desamor que salvou minha vida.
Desse amor eu não morro mais.
Hoje vivo para curar a dor.
A morte do amor deixou meu peito
em carne viva.
Eu vou me curar dessa dor.
E você...
Com certeza que já tem
outro amor pra vítima.

D.ES.AMOR

Tardes de domingo

'Me apaixonei por você no mesmo segundo em que te vi.
Tomei a iniciativa, sim.
Abri a porta pra você entrar, sem você bater.
E algo aqui ficou e você foi embora.
Mas eu esperei você voltar. Convidei e você voltou.
E continuei esperando, convidando...
e você voltou muitas vezes.
Te mandei música, escrevi poemas,
jurei que não ia mais te ver e em seguida jurei amor.
Sonho com você.
Sinto saudade do teu cheiro no meio da tarde
e na metade da noite penso em você.
Mudaria toda minha vida pela simples certeza
que ao menos nas tardes de domingo você ficaria.
Mas ainda espero resposta
do primeiro poema que te escrevi.
Sei que vou te ver de novo.
Quando meu desejo estiver falando mais alto
que o som da minha voz.
Então você vem... e depois você vai.
Ficarei sem dizer nada,
mas jurando ter sido a última vez.
Até a próxima vez.
Fico aqui me perguntando se você leu o poema.
Ao menos o primeiro...
enquanto não tenho coragem de começar o último.

Vício

'O amor é vício.
Um jogo de azar...
Sou como aquela jogadora que perdeu tudo na roleta,
apostando no mesmo número durante a noite toda.
Zerada, sem nenhuma moeda no bolso,
ela vai saindo do cassino, olhando pra trás,
mesmo sem ter apostado, vai andando bem devagar...
E ainda torce para que o número no qual apostou
tantas vezes seja enfim sorteado.
Mesmo não tendo feito nenhuma aposta desta vez,
pois não tinha mais nada pra apostar.
Se pudesse ao menos ouvir o número pelo qual perdeu tudo.
Se sentiria melhor.
E talvez fizesse um empréstimo e tentasse mais uma vez...
Ahhh! O vício.
Aquilo era a vida dela.
Mas não tinha o que fazer ali.
E ainda assim apostou com ela mesma.
Foi andando para a porta, e pensava, é agora.
Durante o trajeto até a saída,
a roleta rodou algumas vezes.
O número não saiu. Não. Também não...
e ela chegou na porta, empurrou
e quando já estava entreaberta,
colocando seu pé para fora...
seu corpo metade dentro, metade fora,
mais uma vez, a roleta parou e um número foi gritado.
O barulho da rua já não permitia
que nada de dentro daquele lugar fosse ouvido.
Ela perdeu... a esperança.
Só assim largou o vício.
Justo ela que dizia não gostar de jogos.
...descobri que o amor pode ser o pior deles.

Denise Dotti Góes

ECOS

'Aprendi desde cedo a falar baixo.
Muitas vezes até calei.
Não usar gírias, nada de palavrões.
Nunca me sujava.
Sempre respeitei os mais velhos.
Sempre tirei notas altas.
Aprendi a ser organizada, admirar a beleza e a arte.
Sem gritos nem escândalos.
Aprendi a dominar meu ciúme.
Não fazer cobranças.
Sei pintar, bordar, passar e cozinhar.
Aprendi tudo que me ensinaram.
Tudo que me disseram que era importante eu saber.
Nunca questionei nenhum ensinamento. Apreendi tudo.
Até que um dia eu comecei a pensar.
Demorei.
Estava ocupada.
Ser tudo para agradar os outros
ocupou metade da minha vida.
Mas agora pensando, desagradei.
E sigo pensando...
Foda-se se eu não sou mais o que você queria que eu fosse.
Eu agora estou me ocupando em saber, quem serei eu?

SINTO muito

'Palavras cabem onde as atitudes não têm espaço.
Falar pode ser libertador.
E eu não tenho medo de dizer o que sinto.
Tem um sentimento pulsando aqui...
Água fervendo em meu peito. Você vê fumaça.
Eu estou tentando conter...
esperando o fogo baixar.
Você dirá que se tem fogo, é paixão.
Paixão sempre foi.
Hoje eu sei que é pior.
Pior porque não podia ser. Mas é.
Eu sei. Eu sinto. E se isso escapar?
Se esse sentimento sair? Se aquela palavra brotar?
Tenho medo de espirrar ao teu lado e um eu te amo sair.
Eu quero que você saiba.
O que eu não quero é que você fuja.

PERDÃO

'Eu perdoei coisas que nunca entendi.
Me esforcei pra entender atitudes que não mereci.
Me diminuí para caber no teu abraço.
Tirei você muitas vezes do teu casulo...
você começou a aproveitar o passeio.
Traições... perdoei muitas vezes.
Você mentiu. Desculpei. Gritou, eu tapei os ouvidos.
Quebrou. Consertei.
Feriu. Eu lutei sangrando.
Por você, por nós, pelo que eu acreditava.
Deixei de me comparar com seus sonhos esguios
e tentei te mostrar que o bom era ser real.
Me magoei muito.
E agora eu peço o meu perdão.
Eu me imploro para não deixar de acreditar no amor.
No amor-próprio.

'Posso ser quem eu quiser
tudo que sai de mim sempre foi muito genuíno,
mas menti quando fui eu mesma,
porque sei que deveria ter usado uma fantasia.
Diante de você, fui impotente
e despida de um personagem, me entreguei.
Como não sei representar a mim mesma,
aceitei o papel que você me deu.
Um papel secundário, beirando a figuração.
Aprendi nesse processo que eu posso ser eu mesma.
Mas nunca menos do que isso.

CO.INCIDIR

'Meu sonho era coincidir com você
mas se nossos desejos não coincidem...
então eu abro mão de te querer sozinha.
Agora sim.
Que coincidência!!!

COINCID.IR

Escritoterápicos

'Percebi que eu não era
nem tão útil pra você como eu pensava que fosse.
Muito menos amada como eu sinto que mereço.
O motivo então seria meu ego.
No começo eu o incentivei dizendo que sim,
ele seria capaz de te conquistar.
Hoje eu o afago dizendo
que você é quem não merecia todo aquele empenho.
Meu ego mandou você... para aquele lugar.
Mas sussurrou pra mim que adoraria te ver voltando.

EGO

Você

'Se eu fosse você...
Se eu fosse você, eu não me perderia,
muito menos me deixaria partir.
Eu me escutaria,
prestaria atenção àquelas coisas
que sempre digo que são importantes.
Seria tão fácil, pois eu me conheço.
Eu sei exatamente cada palavra que eu gostaria de ouvir,
cada gesto, cada atitude...
Eu saberia que prefiro tulipas a rosas.
Sim, eu me daria flores.
Colhidas, roubadas, compradas, desenhadas...
Eu sei o quanto é importante para mim
um olhar atencioso, um elogio.
Eu sei o quanto gosto de ser mimada,
admirada, conquistada.
Eu sei tudo sobre mim.
Mas...
Se eu fosse você... eu não seria eu.
Eu não saberia o que sei sobre mim.
Só eu posso me fazer feliz.
Você... você poderia ter tentado.
Mas você é você.

'De onde vem essa obrigatoriedade do eterno?
De que casamentos felizes são os que duram a vida toda
e quando terminam somos seres infelizes e
considerados perdedores?
Se a própria vida termina.
Não podemos mudar de opinião, mudar a cor do cabelo,
ter outro estilo de vida, encontrar outras pessoas,
viver outros relacionamentos?
Quem inventou esse pacto com a eternidade
numa vida passageira?
Se você não está feliz, corra trocar essa roupa,
ouça novas músicas, conheça pessoas diferentes,
prove novos sabores...
e se encontrar algo que lhe agrade muito, então repita.
Repita todos os dias. Repita por anos...
e se estiver feliz, repita a vida inteira
e eternamente se assim desejar.
Mas lembre-se:
a única obrigatoriedade é com sua felicidade.

Eterna

BRAÇOS

'Em terra firme contemplam o barco ancorado à beira do rio.
Só eles sabem dos mares e das tempestades
pelas quais essa embarcação passou.
E os remos onde estão?
Se perderam em algum temporal.
Mas foi assim que descobriram a força
dos seus braços... e remaram.
Hoje, entre abraços, olham para o barco...
Eu diria que esse barco se chama amor.

SILÊNCIO

'Você mal sabe o meu nome
e nem nunca precisou usá-lo.
Você me trata pelo que me julga.
Nunca se interessou pelo que me move.
Você finge que me escuta,
mas nunca ouviu nada do que eu te falei.
Todas as minhas perguntas ficaram no ar.
E apenas uma resposta te interessa:
Sim, eu posso!!! Sempre quero.
Sempre aceito, sucumbo, me entrego.
E você jamais consideraria o porquê.
Te digo:
TE AMO
E agora eu sumo.
Te presenteio com o teu sublime silêncio.
Se um dia quiser nomear a minha ausência…
Eu vou sempre te nomear por saudade.
Não chame.
Me ame.
Eu volto.

Saudade

'Você não abriu a porta
do seu coração.
Eu entrei na sua vida
pela janela
que encontrei aberta.
Estou em algum lugar
aí dentro.
Não sei onde,
mas quando você me abraça,
sinto que é
um lugar especial.

Janela

Batalha

'Nós não queremos morrer.
Queremos viver!!!!
Mas queremos viver em abundância,
e não nessa miséria de vida,
nessa condição medíocre na qual sabemos
que nós mesmos nos colocamos
e que agora não temos forças para sair.
Sair dá trabalho, é preciso esforço
e estamos com a alma fadigada.
Não conseguimos ver solução para nada.
Nossos olhos então inchados de tanto chorar,
olhamos todo o mundo distorcido
através das nossas lágrimas.
Sobrevivemos a cada dia dilacerados,
e a cada sorriso que ainda nos obrigamos a dar,
nos rasgamos um pouco mais, pois além de tudo,
ainda tentamos não decepcionar quem nos diz
que temos que ser fortes. Fingimos.
E isso também dói.

'Eu caminhei ao encontro do mar.
Ao pisar na areia,
me recordei de todo o percorrido.
Um filme me fez perceber o quanto corri.
Ansiei por esse encontro.
E agora me vejo diante de um oceano desconhecido.
Esperava calor e sinto frio.
O que amedronta nunca é acolhedor.
Mas eu cheguei até aqui.
Não há volta.
Não, eu não vou parar.
Cheguei ao centro de mim.
Mergulhar e nadar é o que eu preciso.
Que eu não me perca.
Que eu não me afogue.
O fim será o novo continente a desbravar.

mergulhar

c.01.sa

'Objetos.
Emoções.
Pessoas que passaram,
pessoas que se foram.
Livros que já li.
Livros que não vou ler.
Coleção de canecas. Pelúcias, bonecas...
Tudo aqui hoje acordou.
Tudo está de olho aberto.
Me encaram e questionam.
Respostas que ainda não tenho.
Que roupas são essas?
Quem era essa pessoa que as usava?
Quem sou eu hoje,
desconhecendo o meu mundo?
Nos encaramos.
Não há ruído nessa comunicação.
Esse silêncio diz muito sobre nós.

Denise Dotti Góes

CORAÇÃO

'Aquele de pedra que você me deu.
Não tinha a cor que você pintou.
O tempo o revelou transparente.
Pude ver o brilho, a beleza e amor.
Mas tinha mágoa.
Não esconde o rancor.
Foi sendo com o tempo lapidado.
Mas nunca deixará de ser de pedra.
Preciosa para mim.
Talvez o meu seja de papel.
Frágil e que com lágrimas se desfaz.
Quer te abraçar e se embola.
Amassado não serve mais.
Nunca teve linhas definidas,
mas o tempo foi a caneta
e nele escreveu a nossa história.
Pedra, papel… nosso tesouro.
Está num baú.
Sem final.

BAL@NÇA

'Se as atitudes são medidas por meus braços...
Se certas palavras me pesam como chumbo,
mas os carinhos me tocam como pluma...
Se algumas condutas me ferem,
enquanto outras me enchem de orgulho...
Deveria partir meu amado ao meio
para porcionar o bom e o ruim?
Se ninguém existe de uma parte só...
Querer apenas o bem
seria para amadores?
Eu deveria aprender a pesar menos
e abraçar mais.

Meu gato frajola

'Paguei caro,
pois acreditei que teria valor.
Comprei gato por lebre.
Mas acabei pegando amor.
Indomáveis e imprevisíveis.
Dizem que o gato escolhe seu dono.
Esse me arranhou.
Fui muito precipitada.
Dei muito mais do que o penhor.
Até roupa eu coloquei no bicho.
Que óbvio viu por desamor.
Da coleira não reclamava,
acredito que lhe faltava um cuidador.
Mas se sentiu comprado,
pobre do comprador.
Se apaixonou pelo pelo
do próprio vendedor.
Hoje pra mim ele não tem preço.
O amo por tudo que significou.
Mas em troca de paz eu o deixo,
ainda que com muita,
muita dor.

'Nem tudo aqui vai para a lixeira.
Só o que não prestou.
Se eu pudesse simplesmente tirar da mente
algo mal resolvido, um amor esquecido,
a troca com um ex-amigo ou até uma discussão.
São vivências do passado.
Aprendizados que fazem quem sou.
Eu coloco num lugar separado
e isso você não aceitou.
Meu amor!!! Era só um arquivo.
Nunca foi um cofre.
O que tinha valor
era ter você comigo.
Mas por ser tão curioso
até me acusou.
Usou palavras ofensivas.
Me magoou.
Pensou eu pudesse te esconder algo.
Ou que vivesse outras vidas.
Hoje você faz parte
dessas minhas conversas arquivadas
de que tanto desconfiou.
E eu estou na tua lixeira,
dada a importância que me restou.

'Num palco no fundo do poço.
Estou aqui sob a plateia
que olha o buraco.
Eu aceitei esse papel.
Me sentir esse nada,
derretendo nessas lágrimas.
Sou o próprio barro,
Eu não olho para o alto,
pois sentirei o quão distante estou
do que esperam de mim.
Já não quero saber
se o público vai rir ou vai chorar comigo.
Só quero entender por que criei
tantas expectativas.
Aqui é frio e escuro,
mas tem tanto barulho.
Todas as possibilidades do mundo
falam ao mesmo tempo.
Eu quero silêncio.
Parem de gritar aí de cima.
Hoje ficarei aqui.

E se for pra sair, desta vez será sozinha.
É sempre assim.
Eu dou a mão a quem se propõe a me ajudar
e quando estou muito próximo de sair,
a luz inevitavelmente
mostra o quão horrível eu sou.
E eu volto para esse lugar tão meu.
Sangrando no meu melodrama.
Então… sim. Estou sofrendo,
peça divulgada internacionalmente,
cartaz assinado para tal evento,
publicidade nas redes sociais.
Minha dor virou espetáculo.
E o valor do ingresso ninguém cobrou.
Que vantagem alguém tem nisso?
Fico me perguntando se estou fazendo drama
ou na verdade sou um palhaço
nesse circo que a vida montou!?

A 5ª parede do poço

Como v(ê)m e vão

'Filmes de amor me comovem.
Acho que por trás daqueles sorrisos
e abraços rodopiados
existem histórias
de muita dor e superação.
E essas imagens acabam sendo
o auge da relação.
É aqui que peco por querer muito.
O preço é alto por tão pouco.
Fotos bonitas com sorrisos
que mais escondem do que revelam.
Ou fico sem ou aceito
que o amor não é nada disso.
Mais um drama para minha estante.
Alguém já assistiu um amor sem fim?

em si o mar

'Para amar é preciso antes
andar na areia.
E ir aos poucos
entrando no mar.
Quando estiver na água,
deixe molhar.
Entre para enxergar o fundo
ou vai sempre só molhar o pé
com medo desse ser
do teu imaginário mundo?
Esse foi teu fiel inimigo.
Nunca vi igual no meu mar inteiro.
Um ciúme tão leal.
Num amar tão imenso…
nem me notou.
Talvez por eu já estar me afogando
você não me escutou.
Que monstro maldito.
Matou meu amor
e não nos deixou nadar.
E eu?
Não consegui te salvar.

enciumar

A versão

'Pobre criança arrancada de sua casa,
da convivência com seus amigos,
seu conforto, trabalho.
Ele simplesmente sumiu.
Passou a viver num lugar horrível, hostil,
comia mal, dormia mal.
Amor era algo apenas em sua lembrança.
Desrespeito e muita humilhação
era tudo que lhe cabia.
Quando acreditava que não iria mais
suportar tanto sofrimento,
a vida lhe provou que sua capacidade
de superação era infinitamente maior.
Essa criatura foi exposta
à dor e ao sofrimento físico e moral.
Foi obrigada a caminhar por muitos dias
no frio, na chuva ou com sol excessivo.
Carregando não só o peso do castigo
como também o peso
que lhe foi amarrado às costas.
Muitas vezes privado de comida e água.
Sem ter uma mão amiga, um abraço,
sem nem mais a mínima lembrança
do significado da palavra amor.
Foi provado de todas as maneiras.
E ele resistiu a tudo.
Muitos atribuem o milagre a Santiago.

Ninguém nunca saberá a quem a criança atribui,
nem a dor nem a sua salvação.
Eu atribuo ao seu caráter.
Esse foi inabalável.
A notícia correu de que está de volta
ao seu lar. Ao seio da sua família.
Recebendo todo cuidado
e todo amor que ele merece.
Ouvi dizer que se sente perdido e muito abalado.
Desejo a cura e que Deus lhe abençoe,
que ele encontre a paz em seu coração.
Que esse mesmo Deus possa me perdoar.
Na minha versão, ele era um homem barbado.
Só vi a criança quando soube da sua aversão à história.

'Desculpe o
TRANSTORNO
É o que diz a placa
na entrada do parque.
Deve ser a inversão dos polos,
alguém comentou.
Imagino que isso deva ser
como essa gangorra
em que brinco sozinha.
Não sei o que odeio mais,
estar no alto, e não ver ninguém
e ter que olhar
aquela poça de água no chão
ou estar sentada na parte baixa,
misturada com a água suja.
Choveu muito.
Deve ser por isso que não vejo ninguém.
E todos os brinquedos me assustam.
Seria mais fácil
se tivesse alguém sentado comigo.
Eu às vezes tento, mas me desgasto muito,
sento-me na metade do brinquedo
e fico me equilibrando.
Não há prazer nenhum nisso.
E então eu vou para o gira-gira.
Ele tem um desnível
que chega a ser um pouco engraçado.
Mas aqui eu me viro bem sozinha.
Quando olho pra frente, o mundo é louco,
mas interessante.
As cores se misturam,
gosto do barulho do vento.

E quando olho pra baixo me vejo.
Aqui também tem água acumulada no chão.
Eu molho meus pés e continuo girando.
Aqui passo a maior parte do tempo
girando em torno.
Meu preferido mesmo é o balanço
É uma falsa liberdade.
Coragem forjada.
Você se joga, pois sabe que vai voltar.
Ainda assim, desconheço imagem
mais triste do que um balanço vazio
Tudo aqui segue um padrão.
Sobe e desce, vai e volta.
Nos dias de sol também é assim.
Só que com muita gente.
A placa é sempre a mesma.

SOLITUDE

'Hoje a solitude foi minha convidada.
Preparei o jantar, servi a mesa.
Abri o vinho...
Jantei sozinha.
Ela não abriu a boca.
Pensei que talvez quisesse
assistir um filme.
Não tem gosto pra nada.
Ofereci a sobremesa.
Nem na mesa, nem na cama.
Talvez em outra casa.
Acho que não gostou daqui
e eu também não consigo gostar dela.
Aqui só,
Solidão

MANUSCRITO

'Escrevi algumas linhas nesses anos...
Umas melhores, outras piores.
O importante é ter a ciência
de que escolhi cada palavra que registrei.
Tem palavras em forma de dor
e em forma de flor.
Deixo para posteridade filhos,
em forma de trilogia romântica.
Alguns contos dramáticos.
Uma história de terror.
Muitos poemas.
E assim, através deles, aprendi.
Sobrevivi.
Agora, sem abandonar nenhum dos textos,
pois esses não têm fim,
reverberam no tempo e no espaço,
começo uma história de aventura.
Ainda não sei se terá muitas
ou poucas páginas.
O importante é que ela vai existir.
A vida estará completa. Ou não?!
Posso inventar de escrever
um outro gênero ainda...
Um que nunca imaginei.
E essa talvez seja uma longa história.
Aguardemos os próximos capítulos.

Denise Dotti Góes

dor CRÔNICA

'Você pode ter mil contos
de uma noite e ainda assim
não terá uma história para contar.
Pode experimentar os prazeres
mais intensos e ainda assim
vai acordar numa bela manhã,
desejando apenas
sentir-se amado.
A lembrança de um abraço
vai trazer saudade daquele corpo
cujo toque ia muito além da pele.
E aí vai entender a função
dos poemas de amor.
Muitos são escritos enquanto você
vive seus romances psicológicos.
São as peculiaridades de cada gênero.

ESTAÇÕES

'Os dias têm sido escuros
e frios por aqui.
Olho para fora,
a rua parece vazia.
Eu não vejo ninguém.
Imagino em cada janela
uma mesa posta
para o café da manhã,
cheiro de pão quentinho
e chocolate quente.
O som de uma música
ou do televisor ligado.
Casais se abraçam, crianças brincam
correndo pela casa.
Posso até ouvir os cachorros
que latem se divertindo
com seus donos.
Tudo isso deve ser bom.
Começou a chover aqui
e o sol brilha forte lá fora.
Estou no inverno.

Questão de TEMPO

'Teu sempre é quase nunca.
Eu na tua vida sou madrugada,
nossas coexistências já não coincidem
no espaço que te espero.
As lembranças me trazem saudade,
mas nunca me trazem você.
Meu coração fez um banco de horas,
são sentimentos armazenados.
Tempo de amor, de carinho,
beijos apaixonados,
vencidos, desperdiçados.
Você nunca vem buscar.
E o tempo em que aqui tudo sobra
parece que em nada te faz falta.
Os dias longe levam anos,
Já as escassas nossas madrugadas
voam com o tempo
que sempre carrega você.
Desajustados são os ponteiros
do teu relógio.
Eu nem olho mais a hora.
Uma hora ou outra, faltarei no teu espaço.
E então que ainda dê tempo,
que não te sobrem apenas
as minhas lembranças.
Te amo tanto que penso ser infinito.
Ao contrário da vida.

RE.TRATO

'Você está linda
naquele retrato
sorrindo.
Usando aquele batom vermelho que eu adoro.
Amigos novos, malhando,
postando pratos saudáveis.
Te admiro até nisso.
Sua força para tentar seguir em frente.
Eu não estou conseguindo nem fingir.
Quero superar, mas não tenho por que
esquecer tudo que foi bom.
Acabou pelos motivos que sabemos
e será eterno por tudo de bom que vivemos.
Espero que esteja
tão feliz ao acordar sozinha
quanto nas fotos
que posta no meio da noite.
Eu me curo no silêncio,
e no escuro do nosso antigo quarto,
ainda choro olhando teu sorriso lindo.
Ele, para mim, retrata o esforço
que você está fazendo.
Sentimentos iguais.
Molduras diferentes.

'Comprei novamente
os ingredientes para o prato
que quero preparar para você.
E se me convidar para sairmos,
faz tempo que tenho em mente
a roupa que quero usar.
Mas você vem sempre tão tarde.
Muito além do horário do jantar.
Tarde o suficiente
para não ter mais nada aberto.
Queria que me visse
usando a roupa que imaginei.
No meio da noite,
nem a de baixo você vê.
Parece que gosta muito disso.
Para você, na verdade eu nem existo.
Já pensei em várias respostas
para as suas mensagens de sempre.
Outra madrugada.
Até agora você não mandou nada.
Parece que pressente.
Faz para que minha saudade aumente.
Eu resisto. Eu desisto!
Na segunda só vou comprar
o que eu gosto.
Na terça sairei à noite,
vou desligar o celular.
Enfim, usarei a roupa linda
na qual me imaginei.
A de cima e a de baixo.

muda de roupa

LUZ

'Não sei me despedir de você.
Assim como o sol,
você precisa ir para além
do meu horizonte, eu sei.
Mas, no olhar de todo último adeus,
sempre me apaixono
por algum novo detalhe
da tua paisagem.
Me recolho com a lembrança
e suporto as noites sem você.
E mesmo lamentando a distância,
amo te ver brilhando alto.
Sei que o sol não pode ter dono.
E deixo-me te ver
no final de um dia qualquer,
com as janelas e a porta aberta
para que invada e aqueça minha vida.
O que seria a despedida
torna-se o início
de uma linda noite estrelada.
E eu amo teu amanhecer aqui.
Ao sol, sempre um até breve.

'Carência é a falta.
Aqui sobra, transborda.
E me perco.
Como o leite que ferve
e derrama.
A água que pinga da torneira
é abundância.
A chama da vela a queimar,
na mesa posta
para quem não vem.
O som de uma orquestra
que toca num teatro vazio.
Sou muito e hoje também sou
as lágrimas que escorrem
e ninguém vê.
Sou o amor esperando
para acontecer.

CHAMA

Epílogo

'Este é o texto
que nunca quis escrever.
O que venho adiando
depois de te conhecer.
Mas, se este viesse antes,
os outros nem iriam nascer.
Aquele que falou do teu sorriso,
o que declarei minha paixão,
o que disse do meu desejo.
E o da total doação.
Não teria o da espera,
nem o da tua falta de atenção.
Nunca teria falado de dor
e muito menos de solidão.
Senti tanto que virou um amontoado,
daria um livro,
inteiro a você dedicado.
Saberão que te amei
com todas as letras,
mas que não passou das palavras,
muitas por você nem lidas,
mas com todas as intenções desprezadas
te faço o agradecimento
e escrevo o final.
Um texto com título "adeus".
Se não gostar...
O fim, você pode mudar.

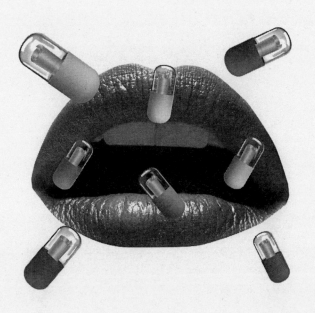